Selvas tropicales

Mundos verdes

Agradecemos a nuestros asesores por su pericia, investigación y asesoramiento:

Michael T. Lares, Ph.D., Profesor asociado de Biología
University of Mary, Bismarck, North Dakota

Susan Kesselring, M.A., Alfabetizadora
Rosemount-Apple Valley-Eagan (Minnesota) School District

por Laura Purdie Salas

ilustrado por Jeff Yesh

Traducción: Patricia Abello

PICTURE WINDOW BOOKS
Minneapolis, Minnesota

Redacción: Jill Kalz

Diseño: Joe Anderson y Hilary Wacholz

Composición: Angela Kilmer

Dirección artística: Nathan Gassman

Subdirección ejecutiva: Christianne Jones

Las ilustraciones de este libro se crearon con medios digitales.

Traducción y composición: Spanish Educational Publishing, Ltd.

Coordinación de la edición en español: Jennifer Gillis/Haw River Editorial

Picture Window Books

5115 Excelsior Boulevard

Suite 232

Minneapolis, MN 55416

877-845-8392

www.picturewindowbooks.com

Impreso en los Estados Unidos de América.

 Todos los libros de Picture Windows se elaboran con papel que contiene por lo menos 10% de residuo post-consumidor.

Library of Congress Cataloging-in-Publication Data

Salas, Laura Purdie.

[Rain forests. Spanish]

Selvas tropicales : mundos verdes / por Laura Purdie Salas ; ilustrado por Jeff Yesh ; traducción, Patricia Abello.

p. cm. – (Ciencia asombrosa)

Includes index.

ISBN-13: 978-1-4048-3865-9 (library binding)

1. Rain forests–Juvenile literature. I. Yesh, Jeff, 1971- ill. II. Title.

QH86.S2418 2007

578.734–dc22   2007036491

Contenido

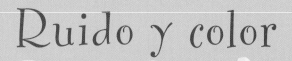

Ruido y color

¡Escucha! ¿Oyes el chillido de los monos, el zumbido de los insectos y el salpicar de la lluvia? ¡Mira! ¿Ves los árboles y las enredaderas verdes? ¿Ves las flores rojas y amarillas, y los pájaros de color azul intenso?

La selva tropical es un ecosistema lleno de ruido y color. Un ecosistema es el conjunto de los seres vivos y las cosas sin vida que hay en un lugar. Las plantas, los animales, el agua, el suelo y hasta el estado del tiempo hacen parte del ecosistema.

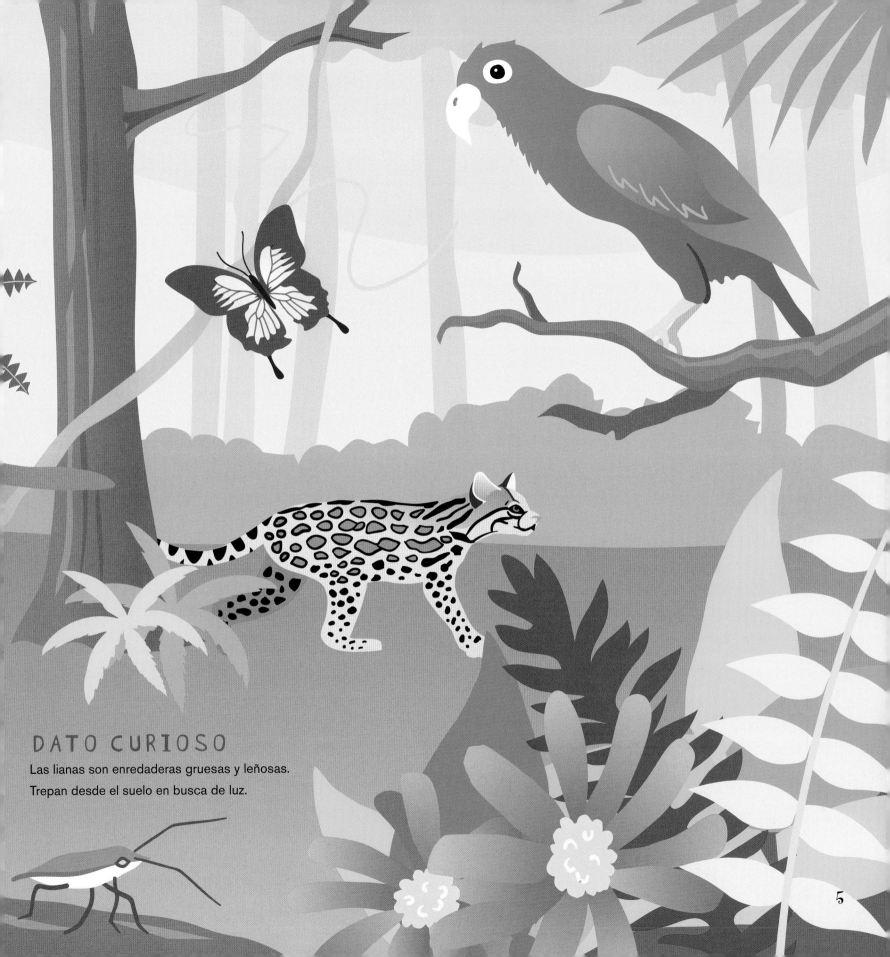

DATO CURIOSO

Las lianas son enredaderas gruesas y leñosas.
Trepan desde el suelo en busca de luz.

Cinco capas

La selva tropical tiene cinco capas básicas.

Los árboles altos que sobresalen forman la capa emergente. Estos árboles reciben la mayor cantidad de luz y de lluvia.

Las hojas y las ramas de la higuera sagrada, del árbol corteza amarilla y de otros árboles forman la segunda capa. Esta capa se llama dosel y tiene unos 150 pies (46 metros) de altura.

La siguiente capa, llamada sotobosque, tiene unos 60 pies (18 metros) de altura. Esta capa la forman palmas, higueras estranguladoras y otros árboles.

La cuarta capa es la capa de arbustos. Aquí crecen helechos y arbustos pequeños.

El suelo forestal es la quinta capa. Como no recibe mucha luz, tiene pocas plantas y animales. Además, no tiene muchos de los nutrientes que las plantas necesitan para crecer.

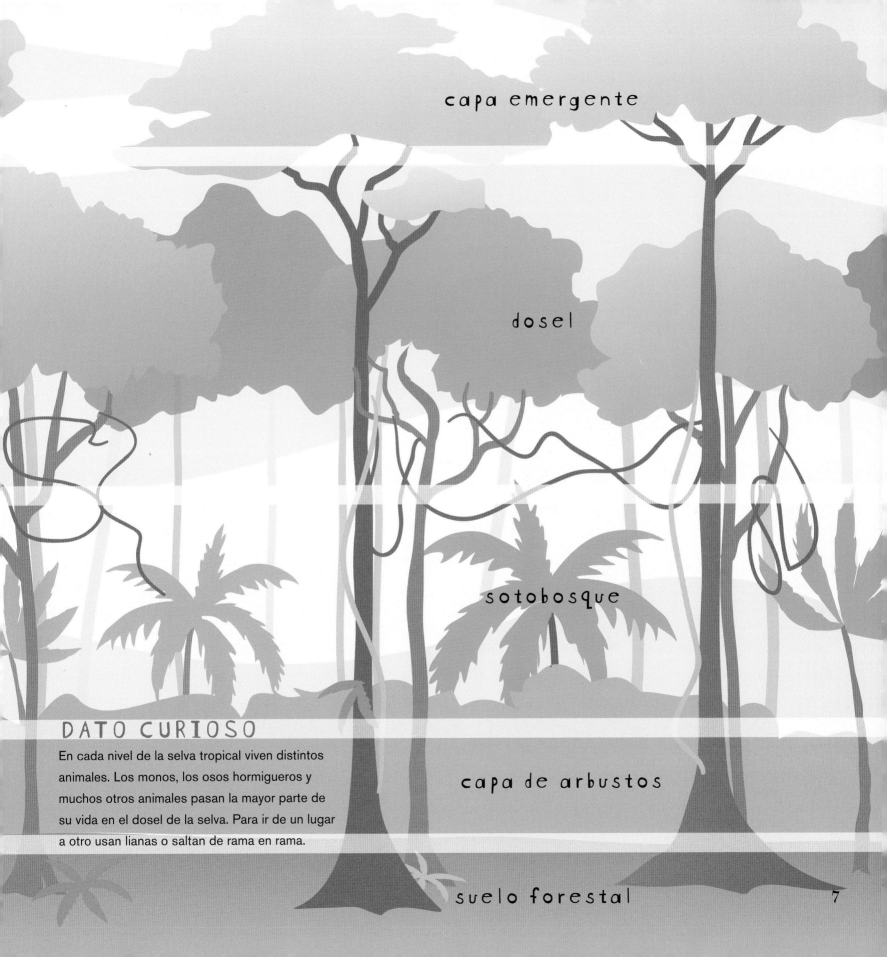

capa emergente

dosel

sotobosque

capa de arbustos

suelo forestal

DATO CURIOSO

En cada nivel de la selva tropical viven distintos animales. Los monos, los osos hormigueros y muchos otros animales pasan la mayor parte de su vida en el dosel de la selva. Para ir de un lugar a otro usan lianas o saltan de rama en rama.

América
del Norte

¿Dónde hay selvas tropicales?

Las selvas tropicales están cerca del ecuador. Allí hace calor y llueve todo el año. La luz solar y la lluvia hacen que las plantas y los árboles crezcan. Las tres selvas tropicales más grandes del mundo se hallan en América del Sur, África y Asia.

América
del Sur

SELVAS
TROPICALES

Asia

Europa

África

ECUADOR

Australia

DATO CURIOSO

La selva tropical del Amazonas, en América del Sur, es la
más grande del mundo. Mide más de 2.3 millones de millas
cuadradas (6 millones de kilómetros cuadrados). ¡Eso es
más que una tercera parte de los Estados Unidos! Más de
la mitad de la selva tropical del Amazonas está en Brasil.

¿Cómo es el estado del tiempo?

En la selva tropical hace calor y llueve casi siempre. Caen más de 80 pulgadas (2 m) de lluvia al año.

La temperatura de una selva tropical no varía mucho. Casi todo el año permanece entre los 75 y los 86 grados Fahrenheit (24 y 30 grados Celsius), tanto de día como de noche.

Las selvas nubladas son selvas tropicales que crecen en montañas. Su temperatura es más baja que la de otras selvas tropicales. A veces, la temperatura baja a menos de 50 °F (10 °C). En lugar de lluvia, las selvas nubladas reciben agua de la neblina y de las nubes.

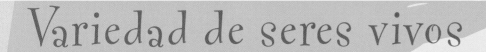

Variedad de seres vivos

Las selvas tropicales tienen una variedad increíble de seres vivos. Aunque sólo son el 7 por ciento de la superficie de la Tierra, en ellas viven más de la mitad de las plantas y los animales del mundo. La selva tropical es el ecosistema que tiene más especies de plantas y animales. Cada año, los científicos encuentran nuevas especies en las selvas tropicales.

DATO CURIOSO

Un acre (0.4 hectáreas) de selva tropical
puede tener entre 20 y 100 especies de
plantas y animales. Ése es el tamaño de tres
cuartos de una cancha de fútbol americano.

Animales de todo tipo

Con tanta agua y vegetación, la selva tropical es un hábitat excelente para los animales. Hay mamíferos, aves, insectos y peces, como gorilas, tucanes, tarántulas comepájaros y pirañas. Se necesitarían muchos libros para nombrar todos los animales de la selva tropical.

DATO CURIOSO

Los mamíferos arbóreos son comunes en la selva tropical. *Arbóreo* significa "que vive en los árboles". A este grupo pertenecen el mono, el perezoso y la zarigüeya.

Árboles y enredaderas

El suelo forestal tiene una capa delgada de tierra de mala calidad. Los árboles grandes bloquean la luz. Como resultado, en el suelo forestal crecen pocas plantas.

Pero los árboles y las enredaderas alcanzan alturas inmensas. Se estiran hacia la luz. Para alcanzarla tienen que ser fuertes y gruesos. Muchos árboles de la selva tropical tienen un tronco sólido de base muy ancha que sostiene el peso de un árbol tan alto.

DATO CURIOSO

Las epífitas son plantas que no necesitan tierra para vivir. Crecen en las ramas o en las hojas de los árboles altos. Como están en el dosel de la selva, reciben mucha luz. Toman alimento del agua que hay en el aire. Las orquídeas son bellas epífitas de la selva tropical.

La selva tropical nos brinda muchos regalos. Con su madera se hacen muebles y barcos. Comemos sus nueces y frutos. Con la savia de sus árboles se hace chicle. Muchas enfermedades se tratan con medicinas hechas con sus plantas.

La selva tropical también ayuda a la Tierra. El aire húmedo atrapa el calor del Sol cerca del suelo y calienta el planeta. Las plantas de la selva tropical atrapan mucha lluvia, lo que previene inundaciones.

NUECES

CHICLE

DATO CURIOSO

Los científicos estudian la selva tropical para buscar modos de salvarla. Suben al dosel de varias formas. Unos escalan los troncos con zapatos claveteados. Otros se elevan con sogas. Extienden redes entre las copas de los árboles o construyen pasadizos de madera entre uno y otro árbol.

19

Selva tropical en peligro

La selva tropical parece fuerte, pero podemos lastimarla. A veces se usa el método de tala y quema para despejar la tierra y sembrar cultivos. Esto destruye el hogar de los animales y hace que muchas plantas desaparezcan para siempre. Algunas personas también cazan animales en peligro de extinción o cortan demasiados árboles para vender la madera.

La selva tropical es un ecosistema muy bello con gran variedad de tesoros. Es importante proteger éste y todos los demás ecosistemas de la Tierra. Cada uno nos brinda regalos muy especiales. Juntos, hacen que nuestro planeta sea un lugar maravilloso para vivir.

DATO CURIOSO

Muchas personas del mundo luchan por salvar las selvas tropicales. Algunos países prohíben la tala de árboles. En otros países, los turistas pagan para visitar las selvas tropicales. El dinero se usa para ayudar a los lugareños. Así no tienen que cortar los árboles.

Haz un diorama de una selva tropical

QUÉ NECESITAS:

- caja de zapatos
- pintura verde y azul
- pincel
- plastilina

- papel de colores
- tijeras
- cordel
- cinta pegante

- ilustraciones de animales de la selva tropical, como monos, serpientes y loros

CÓMO SE HACE:

1. Primero, pon la caja de lado.

2. Pinta los lados y el fondo de verde, y la parte de arriba de azul.

3. Haz árboles grandes con plastilina. Haz las hojas del dosel con papel verde.

4. Cuelga cordel entre las ramas para simular enredaderas.

5. Usa papel de colores, plastilina o ilustraciones para representar los animales del ecosistema de la selva tropical. ¡Trata de que tu selva tenga muchas especies!

Datos sobre la selva tropical

- El bambú es una planta de la selva tropical que crece muy rápido. Puede crecer casi 3 pies (91 centímetros) en un día.

- Cada año, las hormigas podadoras cortan casi el 20 por ciento de las hojas que crecen en la selva tropical. Sus fuertes mandíbulas se mueven de atrás hacia delante mil veces por segundo. Pueden cortar hojas gruesas y resistentes. Las hormigas mascan las hojas para hacer un hongo que comen.

- El águila arpía caza animales para comer. Vuela por las copas de las árboles y se clava en picada para atrapar monos, perezosos y zarigüeyas. El águila arpía llega a pesar hasta 20 libras (9 kilogramos). Con las alas abiertas mide hasta 6.5 pies (2 metros).

Glosario

ecosistema (el)—lugar con ciertos animales, plantas, tiempo, terreno y agua

ecuador (el)—línea imaginaria que rodea el centro de la Tierra; la divide en la parte norte y la parte sur

en peligro de extinción—animales o plantas de los que quedan muy pocos en el mundo

especie (la)—grupo de animales o plantas que tienen muchas cosas en común

lugareños (los)—personas, animales o plantas de una región o un país

mamíferos (los)—animales de sangre caliente que alimentan a sus crías con su propia leche

nutrientes (los)—partes de los alimentos que ayudan a un ser vivo a crecer; las vitaminas son nutrientes

tala y quema (la)—método de cortar y quemar todas las plantas y árboles de un terreno para prepararlo para el cultivo

tropical—relacionado con los lugares cálidos cercanos al ecuador

Aprende más

PARA LEER

Baker, Lucy. *La vida en las selvas.* Chanhassen,
  Minn.: Two-Can Publishing, 2002.
Hatter, Debbie. *De paseo por la selva.*
  Nueva York: Barefoot Books, 2004.
Trumbauer, Lisa. *Descubre la selva tropical.*
  Bloomington, Minn.: Red Brick Learning,
2006.

EN LA RED

FactHound ofrece un medio divertido y confiable
de buscar portales de la red relacionados con
este libro. Nuestros expertos investigan todos
los portales que listamos en FactHound.

1. Visite *www.facthound.com*
2. Escriba código: 1404830987
3. Oprima el botón FETCH IT.

¡FactHound, su buscador de confianza, le dará
una lista de los mejores portales!

Índice

BUSCA MÁS LIBROS DE LA SERIE CIENCIA ASOMBROSA—ECOSISTEMAS:

Bosques templados: Tapetes de hojas
Desiertos: Tierras secas
Humedales: Hábitats húmedos
Océanos: Mundos submarinos
Pastizales: Campos verdes y dorados
Selvas tropicales: Mundos verdes